LA MATERIA ES INDÓCIL

LA MATERIA ES INDÓCIL

ALDO SÁNCHEZ HERRERA

A Roberto Manzano, mi gran amigo

Por fortuna, la literatura ha tenido desde sus orígenes una dimensión ética, un costado valorativo, sustentado en la reflexión sobre la naturaleza humana. No siempre esta función axiológica ha sido lograda con originalidad. Sin embargo, *La materia es indócil*, libro de Aldo Sánchez Herrera, tiene la virtud de mostrar un lenguaje original, sencillo, conciso, hermoso, en plena armonía con el hondo mensaje humano que nos comparte. Si nos atenemos a la idea de que un idioma es una tradición, una forma de sentir la realidad, el lector podrá leer, disfrutar, reflexionar estos breves e intensos textos, basados en la experiencia personal, que remiten y articulan, unas veces con lo popular, otras con la esfera de lo culto y la tradición cultural. Los textos de Sánchez refieren muchas zonas de la realidad humana: social, familiar, íntima, lingüística, laboral, creativa, religiosa, y ayudan a entender y analizar claves del universo moral y sentimental del hombre en pos de su perfeccionamiento. Esta articulación con lo humano ecuménico es otra gran virtud de este libro, lo que aquí se expresa, nacido de un contexto particular, tiene un valor universal y permite hermanar hombres, que es también fin de la literatura, algunos ejemplos lo refrendan: "Ofender es la única defensa del débil", "La prudencia es el aposento de la sensatez", "Decir la verdad nos da el derecho de asumirla". El escritor Rafael Almanza subraya sobre este texto y su autor que: *A él le estaba reservado el privilegio de escribir el único elenco de proverbios de la literatura cubana, tal vez sin par en lengua española, como si estuviera fuera del tiempo y del espacio, en la época en que los hebreos creaban los libros de sabiduría del Antiguo Testamento. El Espíritu sopla donde quiere. Y el que tiene oídos, oye.*

A no dudarlo, el lector hallará en este libro una fuente fecunda para elevar su espiritualidad.

José Emilio Hernández

PARTE I

RECIEDUMBRES

PEDRO PARAMO
APULEYO
EL

La vida es la adoración de lo bello y de lo simple.

***

La conciencia es la almohada de la vida.

***

Reconozco ahora que todo lo que me rodea

tiene conciencia en el Amor.

***

El soberbio es como la noche,

siempre tropieza con el día.

***

A senda irregular, estricta pierna.

***

Ojo avizor mueve a ningún combate.

***

No hagas de tus puertas las aldabas

del agravio.

Zapato sin traspiés no ha de cumplir camino.

***

Al hastío, aléjalo.

Al estío, acógelo.

***

La desidia es el jardín

donde pastan los villanos.

***

El odio no es más que la suspensión

de la concordia.

***

Razón perdida no es derrota,

es, en el uso de la verdad, comienzo.

***

La corona del sabio

es la insensatez del tonto.

***

Si el orden no te sosiega

con todo su esplendor,

es que eres un tonto, o un soberbio.

***

No hay mayor estremecimiento

que la cabeza en alto.

Cerca de ti todo es épico, total.

***

La pena no existe para quien intenta lo mejor.

***

Legislar nos legisla.

***

La lógica de lo ilógico es pensar.

Debo morir pensándo-Te.

***

Al alma, alas.

Al cuerpo, rejas.

***

Pensar, refuerza.

***

La mañana es un desfile hacia la vida.

***

Decir la verdad nos da el derecho

de asumirla.

***

El regocijo es la frente grave,

que recibe al Cielo, descubierta.

***

El hombre debe plegar su corazón

a la sencillez.

Ilustrarnos, ilustra.

***

La casa es el cielo temporal

donde todo se contempla.

***

En la tierra, duelo.

En el cielo, fiesta.

***

Ve prevenido, en horas de alegría,

contra los demonios de la sorpresa y el dolor.

***

Mis ojos y mi alma siempre van

de los dedos de una gran amiga:

la sorpresa.

***

Lo inesperado es el palacio de la vida.

***

Todo merecimiento tiene detrás

el rostro de Cristo, pero también su penitencia.

***

La libertad es un recluido acto de vastedad.

***

No quieras mejor cabeza que la tuya.

La sabiduría es discreción.

La discreción, consejo.

***

La gestación ingesta.

***

Mejor lo parvo, a la abundancia en turbación.

***

Pan engañoso es la codicia.

***

En el mérito del bien, la envidia truena.

***

Eleva la caridad

a la lengua del solícito,

mas inclina tu mano

indefectiblemente a la pobreza.

***

Juzga el enojo con sonrisas.

***

En el desamparo tiene puertas la actitud.

***

Jamás descansa el espíritu dormido.

***

El genio más acabado es aquel

que pone fin desde el comienzo.

El hombro que se brinda en la desgracia

no ha de ser de carne y hueso;

ha de ser de la espuma de lo eterno.

***

El sobresalto se asoma a mi corazón,

y lo golpea: ¡es como un niño el sobresalto!

Tiene miedo a que le quiten su juguete.

***

El descuido nos tiene, siempre,

a la mano de la pena.

***

Hasta la hormiguita más insignificante

nos espanta

cuando a nuestra piel se sube,

y se queda inmóvil.

***

Todo tiene su estrechez en el recodo

que abre, a diario, la monotonía.

***

Pensé que mi vida, al fin, tocaba tu poderío.

Mala cuenta: estabas ausente de mi yo.

***

Creer que la bondad está separada de su edicto,

presupone en el alma una cortedad.

Penetre más aquel que se unja

en el amor a lo profundo.

***

No afirmes en tu rostro

las curvas del camino.

***

Toda victoria está llena de términos fatales.

***

Dar caridad no es más que un derecho

que Dios ofrece a los buenos hombres.

***

Es un grandísimo apagón para el alma

el apasionamiento.

***

El ocio es un monólogo

en la voz del sabio.

***

Todo hombre tiene dentro

el rugido de un león,

que lo condena.

***

La compostura es una exigencia

que ha encontrado en su camino

la verdad.

Tiene el hombre en el corazón su Benjamín,

pero también su San Gabriel.

***

Jamás estará la arrogancia

en la maltratada concha.

Estará en la mar que furiosa arrastra,

a un cuello de arena y de sargazos,

a la perla.

***

De ahora en adelante,

solo el que dice o escucha la verdad,

será mi semejante.

***

Pensar con autenticidad, nos rarifica.

***

Cuando el corazón no extienda sino separe,

cuando el alma no obre enérgica

en lo unánime,

debéis, sobre todo entusiasmo pasajero,

lanzar el alma y el corazón

contra la integridad que lo refrena.

Si en servir radica tu inteligencia,

compra en buenos modales tu fortuna.

***

¡Si tan grande como un grano de maíz es tu esperanza,

así de grande y fuerte serán los cimientos de tu casa…!

***

Matemáticamente hablando,

estuve lleno de ceros

hasta llegar a Cristo.

***

Más que esencias del mismo Dios

hay algunas palabras de mujer

que nos embalsaman y nos quiebran.

***

De nada vale la jerarquía,

si no se es cortés.

***

Hasta dentro del odio

crecen algunas verdades relativas.

***

Por la intensidad con que se mira

y habla, se ha de medir el corazón.

Todo hombre parado frente a sí
es una débil concha de imprecisos.

***

No hay camino más útil que aquel
que espanta al enemigo.

***

La prudencia es el aposento de la sensatez.

***

Sea cualquier árbol de callejera sombra,
magnífico abrazador de oxígenos.

***

Para librarte de la mujer astuta,
desarraiga en el Cielo tu cabeza.

***

En la justicia del Cielo
no hay cosa perversa ni torcida.
En la realidad, esa que nos induce
a pensar con sabiduría,
todas las cosas lo son.

***

Hay voces desconocidas en el corazón
que se aduermen en el Cielo.

FERNANDO PESSOA
HAMLET

Ofrécete a ti mismo
aquello que a nadie has dicho.

***

Cuando un amigo se nos va,
el silencio es el único tributo
donde podemos enclavar la pérdida.

***

La juventud debiera ser como el arrullo
de una madre en los brazos del Espíritu.

***

La indolencia es derrotero
donde se agota la grandeza.

***

Es débil aquel que en el mérito ajeno
busca su equilibrio, la falsa compañía.

***

Toma la plata de la bendición
y, sin miedo, gástala a manos llenas.

***

El odio se eslabona de conquistas.

***

El hombre sabio solo ha de recibir
el mandato que le ofrece el corazón.
El necio: el de sus pies.

Tiende amigos como puentes

y puentes como amigos que tender.

***

Injusto es decir lo que se siente

con la despensa llena.

***

Dominar la fortaleza de un tigre

inspira ser tigre.

***

Véase el decoro, siempre,

como un hijo que retorna.

***

¡Ofusca tanto el Amor que alivia

lo que engendra!

***

La justicia es la mitad de la nación.

El amor y la libertad de ejercerla bien

la complementan.

***

La individualidad es el primer escalón

hacia la fuerza.

***

Igualar nos desiguala.

De no haber fe

sería un sembrado de cruces

nuestro mundo.

***

Aceptar es la mejor manera de agradecer.

***

Jurar nos debilita.

***

Los labios son los sacerdotes del alma.

***

La convicción debilita el convencimiento.

***

El que ofrece, entre repujos y menjunjes,

la polémica roedora de la juventud,

o desconoce la savia de las grandes certidumbres

o va en navío de alas al naufragio de su yo.

***

El sabio hará de la calamidad

su más cercana lejanía.

***

Juntar en una la existencia toda es, por ahora,

un milagro que obra en la fuerza del error.

***

La demora es la madre de la dispersión.

La razón, como el relámpago,

esculpe de un tirón a sus heraldos.

***

No excluyas de los cursos

del criterio la amistad.

***

Encajar en un sitio es más que suerte.

Es disponer como el rey

de las joyas de la corona.

***

Ofender es la única defensa para el débil.

***

Si escondes tus errores a la vista

de los demás,

dejas en ellos el mérito de juzgar.

***

Tela de juicio tendrán aquellos,

que nada, nunca, pudieron demostrar.

***

Un poco de todo y un poco de nada

darán constancia a tu equilibrio.

RABI

Multiplica tus dones

y tu afrenta será raída.

***

A tus faltas ponle el hierro

candente de la caridad.

***

El perdón anima. La excusa desmedida nos aleja del perdón.

***

Es más que unificarse llorar ante la cruz.

***

La singularidad de la espesura

es siempre curva, ventana.

***

El crecimiento no radica

en moderar las necesidades.

***

El decoro es isla donde la marea encalla.

***

La conciencia es santa

mientras no haya recompensas.

***

Quien hace polémica de sí, aleja…

En tiempos de barbarie,

la tolerancia sobra.

***

Es ya hurto la codicia.

***

También los amigos son padres de ocasión.

***

Cuando lo que importa se hace,

el alma es moda, y se ve.

***

La verdad, cala.

***

En los licores del alma se ahogan

los más bellos y preclaros juicios.

***

El silencio es el océano de muchos.

***

Feliz el que piensa, o cree que piensa,

porque entierra en su propia mente su ideal.

***

Los buenos desconocen de tinieblas.

***

La culpa no es obra de Dios,

es un descuido de los hombres.

Dichosos los que saben mirar
porque saben que sus ojos
son la parte más visible del Espíritu.

***

Aun cuando la vida es demasiada
cosa para el alma,
siempre habrá un algo,
o un hombre a quien culpar.

***

Cada ínfimo deseo es cabriola
que ahonda en el centro de la vanidad.

***

La maldad tiene sitio en el espanto.

***

Somos tan débilmente concebidos
que solo pensamos en la materia
que nos alumbra.

***

El dolor siempre es opulento.

***

Escudo es la fe.

***

Allégate al sueño sin fin
y lévale el ancla, capitán.

¿Y tú, Muerte, inocente hermana del desvelo,

sabes dónde la punta del alma existe?

***

Cada hombre es un dolor de la tierra.

***

Una pasión: el viento.

***

Con un algo no se satisface el Amor:

lo quiere todo.

***

¿El Amor crece más en el corazón que anhela regresar

o en el que no quiso partir de casa nunca?

***

Ojalá, en los tiempos de la barbarie,

sea el Amor la única enfermedad

que nos llene de contagio.

***

Menos en el Amor, no tengas pena

de ser, en todo lo demás, el último.

***

El que en una queja constante

dice que la vida es larga,

es corto en Amor.

El Amor es el único sentimiento

que acierta en llevar testigos.

***

El Amor es el único poder ante los equivocados.

***

Nuestro hogar es un mamposteado cielo

con una vanidad pobre y azul…

¡Ah! demasiado grande.

***

La coronación de un rey

no es más alta ni más baja

al dolor o la alegría

que él mismo, más tarde,

con sus actos,

pueda devolver…

***

Las moderaciones limitan las virtudes.

***

Los cautelosos deberían fundar escuelas.

***

Si un borde de la verdad

estuviera en mi vieja y cansada alma,

el otro borde de la verdad estuviera en ustedes,

al tratar de escucharla y entenderla,

cuando mi corazón hablase.

***

El remordimiento tiene sus más desveladas almohadas

en la noche.

***

La mentira tiene éxito a veces,

pero generalmente acaba por quebrantarse.

***

¡Qué indolente es aquel que moja

la pluma en el dolor ajeno,

y sin desangrarse en las batallas de la vida

lo perjura!

***

El mayor gobernante es el que sufre

junto al pueblo sus desdichas.

***

No todos podemos levar

los ojos al infinito.

***

Para combatir nuestras adversidades

tenemos que mostrarnos superiores a ellas.

Quien ame a una mujer

como si esta fuera un depósito floreado,

y no un jardín donde confluyen

las plantas y los pájaros,

los insectos y la vida,

no merece la elegancia

ni el aroma exótico de la flor.

***

Una mujer es tres mujeres a la vez:

la primera está sentada

tejiendo en las tinieblas,

la segunda, de pie,

bordándole un pañuelo al sol,

la tercera ¿está soñando

entre las sombras,

o saltando, desnuda,

entre las agujas de su amor?

***

Una mujer es un dios

si la amamos como un templo.

***

¿Qué es la mujer,

sino copa bella y rebosada

de la que salen

las esencias más grandes de la tierra?

***

Entregarle nuestras bondades a un desagradecido

es como embalsamar de fracasos nuestro tiempo.

***

La Queja es una justificación

de lo mal hecho por uno mismo.

***

La curiosidad es un achaque que contagia,

y no tiene cura.

***

Los ignorantes son como las mariposas nocturnas

que equivocan el sol con las artificiales luces.

***

Nuestra mente es una pequeña lisonja carcomida de infinito.

***

Honrad a los sueños, porque en ellos,

el camino a toda revelación está descrito.

***

El afán no es más que un león avistado

por la oveja que sugiere la voluntad.

TAO
TE
KING
GOETHE
FAUST

La fama es un acicate

que a la esquivez condena.

***

El dolor es menos vocinglero,

cuando se tira en cestos de familia.

***

A menudo nos atribuimos historias ajenas

solo para impresionar a la persona

que tenemos frente.

***

Es el traje de muchos la agonía.

***

Alabo más al hombre que elige

estar al servicio del prójimo

que aquel que es capaz de refrenarse

para entonar un cántico hermoso e individual.

***

Nunca se juzgue al viento

por la fragilidad de una flor.

***

Dios no está por encima del hombre, sino dentro de él.

***

La ternura es un lenguaje repentino que amordaza.

La levadura del arte

está escondida en el talento.

***

Cada palabra es un bloque de ese muro incomprensible

que es el Amor.

***

El verdadero poeta es un ángel

impulsado por la mano de Dios.

***

La grandeza de un escritor consiste

en la destreza de describirle a los otros el sol,

sin que este les ciegue con su luz.

***

Los libros son los pequeños bloques

con que se construyen los palacios de la vida.

Cada cual debería construir sus propios bloques.

***

Para el escritor

es padre el conocimiento,

madre, la lectura.

***

¿El poeta?

En una mano, versos.

En la otra deudas.

Mis versos son las arcas

de un recuerdo desencadenado

que aflora en la perdida huella de un ayer...

***

Me juzgan un ermitaño pedestre

por no compartir mis versos.

Y yo los juzgo pedestres ermitaños,

porque carecen de la honestidad

para entender y amar mis versos.

***

Los grandes libros están plagados

de locos y contrabandistas, prostitutas y asesinos.

***

Para el poeta la muerte

es un corcel de gloria

que pace en medio de la vida.

***

El acto de crear evoca un vuelo a los estados superiores.

***

El poeta, como un mendigo de las artes,

te ofrece

lo que el mismo Dios por su mano crea.

Encontrar el momento propicio

para expresarnos

sincera y claramente

es como arrancarle a la oportunidad

el más clandestino de los besos.

***

La buena poesía es como las palmas:

acabada la tormenta deja en pie y al desnudo

la alta racha de un vaivén.

***

Inagotable ofrenda para tus pensamientos

es que alguien se digne a repetirlos en la soledad,

con los mismos atributos con que tú los escribiste.

***

¡La poesía es un surco bien sembrado

por el alma de aquel que anhela el Paraíso

o por el corazón de aquel que teme

los fuegos del Infierno!

***

El estruendo y la gracia de un poema

radican en la ininterrumpida labor de su silencio.

¿Por qué será que lo último que escribimos

tiende a confundirse con un sorbo

del mejor de nuestros vinos?

***

El decir de un poeta no está

ni en su conducta vivencial, ni en las bellas frases.

Está en la contemplación que provoque

a través del ritmo su silencio.

***

A veces, en arte, no hacer nada

equivale a trabajar.

***

En tiempos de Creación el poeta tiene que vestirse

de la Inmaculada Concepción pues todo es desordenado,

hermoso, tremendamente virgen como en el Génesis.

***

Si no se asciende a un nivel magnánimo de humildad,

no podrá salvarse la poesía.

***

Poeta es aquel que eterniza lo que en su silencio escribe.

***

Lo que se aplaza a un mañana o a un después,

nunca surge, a las manos, saludable.

El sol es un corcel divino

que debe pastar en nuestra conciencia y en nuestro corazón,

aunque nos ciegue.

***

No importa que tus obras sean mínimas:

esa senda ha sido solo abierta para ti.

***

Mala palabra es aquella

que lleva dentro

una mala idea.

***

Siempre será un secreto

lo que el aire nombra.

***

El hombre ha resucitado tantas veces del dolor,

como acordes tiene la guitarra.

***

El poder de maravillarnos

es la estructura más elevada

de todo lo que existe.

***

El hombre para ser feliz y ascender

solo tiene que descubrir cuántas carestías

será capaz de soportar sobre sus hombros.

No pierdas el raciocinio apedreando

y regañando a los perros de tu vecino:

enseña, primero, a no molestar, a los tuyos.

***

Para mantenerte lejos de la adulación,

suprime toda cualidad contraria

a la condición de servir a quien te sirve.

***

Estar satisfecho de uno mismo

es el primer escalón hacia la desobediencia.

***

El ignorante no es más corto ni más largo que la piedad

que puede generar sobre una pulga

el corazón del generoso.

***

Quien no es capaz de verse por dentro,

¿cómo podrá descubrirse en los ojos de los demás?

***

Antes de enjuiciar a alguien,

mira, primero y profundamente,

en tu corazón de juez...

Nunca es el ojo el que pierde su visibilidad,

sino el corazón que no alcanza a ver la vida

más allá.

***

¿Emigrar será volver, acaso, al entendimiento?

***

¿La dicha concedida es inspiración

o nodriza de la mayor de las confianzas?

***

Por lógica, el dativo es

un hombre infortunado.

***

A veces el hecho más provechoso para Dios

es el que tú juzgas como indigno de existir.

***

La contemplación es una víbora,

centrada y única,

que duerme en la razón.

La pasión es un velo que nos esclaviza.

A nuestra conciencia corresponde

apartar el velo y juzgar;

al alma, caminar hacia delante

o, simplemente, retroceder.

Ojalá nunca te complazcas en la misericordia,

sino en aquella que, como una flor de Dios,

se allana sobre tus ojos y el corazón de los demás.

***

¡Ay del soñador que cuando despierte

no tenga almohada en que apoyarse!

***

¡Lo que te atrae o te aleja del camino

es tu propio afán!

***

Siempre como referencia tienen

las bajezas del alma

la altivez.

***

Eres velado y ciego

cuando no miras a tu alrededor;

visible,

cuando te conduce el corazón.

***

A dos cosas terribles te llevará

el recoger favores y reconocimientos:

primero, a la codicia,

luego, a la pérdida de tus valores.

Aquel que como un principiante ignora su propio menester,

y deja de amar y socorrer a los demás,

debe ser encadenado a las secas fuentes que lo purgan.

***

El desinterés debe ir de los dedos de la sinceridad,

si no es un ardid.

***

Es una triste veleidad

entrar constantemente en la alusión.

***

Para un pescador de almas,

siempre será un cebo la belleza.

***

Jamás niegues, por fuerte que sea el sacrificio, tu ideal.

¡Es tan bello ser el damnificado!

***

Nunca se tenga al amigo

como al cuello la corbata.

***

No debe ser la pureza

carga pesada para el hombre,

sino triunfal corona.

***

Toda precipitación es un atolondramiento.

A ningún sitio irá el que se embadurna el alma de poder.

***

A veces los dones bien ejecutados por ti

son la privación de todos los demás.

***

Lo que te aleje de la grandeza,

a un desposeimiento te acercará.

***

Nunca esperes recompensa de aquel,

que al término del plazo,

prórroga pide aún mayor al servidor.

***

No se complace jamás en la justicia

quien obedece para evitar castigo.

***

Toda privación es desafortunada,

mientras no evite la intención.

***

A veces un error vale más

que un año de sumisión.

***

La indigencia y la humildad no necesitan

más que una complacencia:

unir todas las manos en muestra de socorro.

Quien te ayuda en momentos de horror

te da el regalo enorme de existir.

***

Los peores momentos de tu vida

son algunas súplicas del Cielo

que Él te quiso conceder.

***

El hombre sabio jamás será satisfecho, ni velado.

***

Epopeya diaria vive el hombre,

cuando pasa por las tensadas cuerdas de la fe.

***

Enfermos del cumplimiento cabal

están los hombres.

***

Elogios para aquel que ha hallado los misterios de la elección,

y en estos se desviste, cumpliendo con su propia

majestad y mansedumbre.

***

No culpes a los demás por no alcanzar el cielo:

es que te faltan aún las nubes del ideal comportamiento.

***

Hay hombres que solo pueden ser discípulos.

Si el hombre fuera capaz de verse en todo,

no se ausentaría de Él jamás.

***

Lo que de Él proviene

jamás lo verán los desagradecidos.

***

El pensamiento firme y solidario

no es la base del hombre espiritual.

Sus verdaderos cimientos están en la invocación.

***

Tener orgullo en la invocación

es el único orgullo saludable.

***

Derribar un templo antes de construirlo

es doctrina de hombres incapaces.

***

La única manera de ganar

es darse a conocer.

***

Vigoriza el alma

la pureza.

***

Solo el que comulga a diario

llegará a disentir de ser un santo.

Porque ya lo es…

Jamás se califique en sumisión al hombre.

***

Toda obligación es ya, en sí,
una desgracia.

***

El silencio tiene sus amantes,
la eterna noche, sus buhoneros y sus trashumantes.

***

El silencio es un privilegio sombrío
para todos aquellos que tuvieron algo hermoso y grande
que decir.

***

La generosidad es una condición que debe tener
un mérito grandioso de alabanzas.

***

Ni aun los que alcancen la sabiduría
tienen la mente ejercitada en el uso
del conocimiento del bien y el mal.

***

Nunca te avergüences
de brindarle al infeliz
un tantico así de tu esperanza.

***

Tírale de comer a las hienas
y te morderán los dedos.

La ironía es una mueca
que amarga el ser.

***

Ojalá que nunca la vida se nos convierta
en la fragilidad de una flor.

***

Comprensión es eco, cerrada obra,
visión exacta del tiempo espiritual.

***

El más difícil de los deberes del hombre
es llevar su propia cruz con eficacia.

Tiene el corazón de la humanidad
demasiados huertos desolados y baldíos.

***

El oportunista siempre va
con la faz abierta
y por detrás del sabio para ver.

***

El hombre debiera ser,
por compensación a su equilibrio,
no de los pies a la cabeza,
sino del alma a los ojos;
y de estos hasta donde se pierda el horizonte.

Siempre será para el sabio
más añorada una buena cualidad
que un ángel luminoso y razonable.

***

Los beneficios personales son un estiércol que corrompe.

***

Lo más admirable en los ancianos
es que guardan un recuerdo en cualquier rincón.

***

Una plegaria es más potente
que el golpe de un martillo.

***

Aquel que no conozca de misericordias,
que alargue, al menos, un dedo
al desolado huerto de la peregrinación.

***

Los ríos son las sonrisas de la tierra.

***

He aquí la clave de todo error:
admitir las gracias por encima de los dones.

***

Cada vez que puedas, pon sobre tu experiencia
un alpiste de ternura.

***

Ansié tanto la libertad
que me quedé preso en ella.

En el arte de mirar

lo más terrible es hacerse el ciego.

***

El pánico corroe el pensamiento.

***

Si Dios te condena a vivir en el olvido,

estás obligado a no defenderte del castigo.

La rutina es cárcel, suicidio cotidiano.

***

La esencia mayor no está en el aire,

danza como una hoja en el recuerdo.

***

El querer de los padres no se mide en años,

sino en las arrugas

que en las sienes sus hijos han dejado.

***

Es divisa de muchos incapaces la imposición.

***

Ser violento es ser inepto.

***

Nuestro mayor desarraigo está en no saber

que la vida es una mujer demasiado astuta.

No por mucho tener, digas: "yo soy",

porque luego has de hambrear

en la codicia de tu boca

hasta la más simple florecilla negligente.

***

A casa inclinada, abismos de cabeza.

El humo serviría de vestido a la mentira.

***

Cada oficio tiene dentro de sí

la majestad y la ensoñación del otro.

***

Aun cuando sabemos que vamos a morir

bramamos como unos toros a la luz.

***

Cuidado con aquel que pone

solo sobre sus labios

palabras bondadosas.

***

Cada conciliación tiene la desnuda mancha de una tregua.

***

Será incapaz de ver a sus adversarios

aquel que no calibre sus condiciones.

No podrá evitar las dudas

el que se yergue sobre augurios.

***

Nunca te baste saber cómo te aman los demás,

sino como tú los amas a ellos.

***

La cordura de unos es la estupidez de otros.

***

Generalmente las carencias bien aplicadas se convierten en
una virtud.

***

En los tiempos modernos hay que aprender a leer las
matemáticas.

***

Ser uno mismo en medio de la conciencia es crecer.

***

Somos una corteza de semillas.

***

Una pesadilla es una fiera

acorralada en un rincón.

***

Antes que el pan, póngase a la mesa

la levadura de la virtud.

La verdad del hombre

solo se cumple en su conciencia.

***

Para tocar la luz

hay que primero quemarse.

***

Las desgracias nunca dicen adiós,

siempre dicen hasta luego.

***

Mis palabras, como la copa del Señor,

estuvieron previstas de humildad desde el principio.

***

No hay culpa mayor

que la de crear dolores.

***

Las leyes herméticas

debieran acoger dentro de sí

el ejemplo supremo de las alas.

***

No hay raíz en el cielo que no tenga

el hálito perfumado de una estrella.

***

¡Engendra un manto de peligro

quien acierta en público a pensar!

Mil puños alabando tu labor
no valen más que aquel
que se llena de confianza en tu cabeza.

***

La experiencia tiene campanas
que aceleran la victoria.

***

Mientras no prenda en nosotros la Palabra
estamos condenados a morir.

***

Las porciones que a ti te toquen
no las quieras de los partos fabulosos de la tierra,
quiérelas del cielo azul, ese que de tanto mirarlo,
el pecho nos ahueca.

***

Será como la sed para tu boca
el oficio que no cause hartura.

***

Hay razones como las de las madres
que para sus hijos se perfuman
y añejan de belleza el Universo.

***

El alma no es más que un hilo de Dios.

Mejor la esencia de un árbol cualquiera y montaraz

en un ojo

que tener el alma en un vaivén constante.

***

Hay que aprender a defenderse

del dolor que nos cause la alegría.

***

La lisonja… ¿Qué decir de la lisonja?

La lisonja quiebra.

No hay escalón peor que la lisonja.

La lisonja sobra.

Polvo del mayor de los olvidos encuentre en el viento la lisonja.

***

El desamor es la contraparte más triste de los años.

***

Los anhelos no deben ser como las lanzas de Breda,

que aún en la mano urgente y sagaz

el aire frenan…

***

¿Por qué es tan sumamente extraño

que los deseos insatisfechos

son los que rigen el alma y el dolor?

***

¿Por qué se tendrá como extraño al que se aparta

de nosotros para nuestro propio bien?

¿Aquilatará el carácter con sus oros

el don que no se descubra en la niñez?

***

El exceso nos lastima.

***

Jamás será un privilegio

sentarnos a la sombra

del árbol de la costumbre.

***

Vivimos o soñamos porque nos llega

un idilio de insomnios a los ojos,

un turbio reflejo de algún átomo de Dios hasta la frente.

***

Hacer el bien no es más que un estado pleno

de nosotros mismos.

***

Amor y odio son hermanos

que están cegados

por la pasión que llevan dentro.

***

Primero, comulgar en nuestra conciencia,

después, en los templos de los hombres.

***

Solo vencen los necios

cuando la verdad se torna indiferente.

Lo que nos martiriza siempre tiene asiento en lo infernal.

***

Las flores que al lado de una sepultura nacen

tienen por lenguaje la desolación.

***

Hay quienes se avienen hasta las cumbres para ver a Dios

y salen, después, con la dureza de un pedrusco en el alma.

***

Mis versos son la niñez de mi inmortalidad.

***

Un más allá debe ser nuestra virtud;

lo que engendra o funda, un más acá.

***

Mi destino está dispuesto para el hombre.

***

Aflige purgar en el corazón ajeno

el dolor que corresponde a nuestra vida.

***

Urge ser misionero más que rey.

***

El espíritu se arma del dolor que el amor anima.

***

Hombre perezoso ha de confundirse con el humo.

Hombre capaz, entre las llamas de su fuego.

Invariable ha de ser quien se valga

por amor de su conciencia.

***

Apacienta en el justo los días de tu vida.

***

El silencio es la brida del que acepta.

***

También en lo simple hay infinitas vestiduras.

***

Debajo de un framboyán

encuentro la humildad

de quedarme: vuelo.

***

Caridad a los que tiemblen con

el peso de la luz.

***

En un grano de polvo

está el júbilo ilimitado de un hombre

que acaba de morir.

***

Es malmirado quien no osa

parecerse a los demás.

La presunción no admite más
que el desconocimiento.

***

Hasta la mesura es inútil
cuando se carece de pureza.

***

El desamor es un enanito del alma
que juega con las prendas de su rey.

***

El hombre pequeño de espíritu
juzga al mundo por su tamaño.

***

¡Hay bondad en la muerte!

***

La materia es indócil.

***

¡Viva la honra del hombre
desde la energía de la cruz universal!
Amén.

PARTE II

ESPEJOS

ROUST
BLAKE
POEMS
PLATÓN
TIMEO
ORWELL
984
HABLÁBA ZARATHUSTRA

Todo libro es un espejo

de la conciencia de su autor.

***

No hay hemisferio más grande

que unos ojos.

***

Si revelas tus secretos

a las yerbas insignificantes de un jardín,

no culpes, después, a las rosas

por enseñarte sus espinas.

***

Dichosa es la perseverancia del árbol.

Año tras año las mismas estaciones,

los mismos amantes:

lluvia,

aire,

sequía,

sol.

Todos distintos e iguales.

Sin estos no habría correspondido Dios

a las bellas lozanías de la flor,

a los cambios de humor del fruto

en verde chillón

o en término,

o en maduro.

¿Acaso no fueron estos, también,

alimento para tus ojos

y rica hartura, después,

para tu estómago?

Mírate, hombre y compara:

¡¿No es tu vida similar al árbol?!

***

La túnica que lleves

hoy,

será la piel

que brindarás

mañana.

***

El gesto es hermano mayor de la mirada.

Despreciar un niño,

una anciana,

un mendigo,

un enfermo

es vestir nuestro rostro

con la más terrible de las máscaras.

***

No forman el paisaje

los arbustos que usa el cazador,

sino las briznas que en la mirada y el fusil

quedan como un despojo.

***

Si la muerte no fuera un constante río,

la vida tampoco fuera una sedienta hiena

en su reflejo.

***

El ave que se rezaga,

negra en su trajín,

no es defecto capital del Cielo.

Es el oscuro ángel que corta el aire en dos

sobre la cabeza ladeada del Nazareno.

***

Ver lo que se mira es ya victoria.

GOETHE
FAUST
APUL

El corazón del hombre honrado
ha de ser como la nube de Primavera,
entrando a los salones fúlgidos
y ardientes del Verano.

***

Y era de azul el árbol de su frente.

***

Algunas muchachas grávidas
adquieren la tersura de un ave,
la bella levedad de un globo.

***

¿Quieres saber lo que vales?
¡Fíjate en el que te emplea!

***

Ciertos hombres van adornados
de un verde como el de los montes.

***

A veces, del raro ardid de los ciclones
se nos viste el corazón.

***

Solo cuando alcances, por un instante,
ver los ojos de la vida,
descubrirás en ti el sosiego y la fortuna
del Lazarillo fiel.

Aquel que en elección constante

se permite, donde le plazca, ir,

no ha alcanzado ni alcanzará jamás

la liberación perfecta.

***

Si por tu camino das con uno peor que tú,

no aligeres el paso:

podrías erróneamente llenarte de la vanidad

de sus deseos.

***

Es mejor descuidar el físico

a tener la imagen del descuido

bajo la piel.

***

El cerebro se contenta con las imágenes

que a través de los ojos le llegan desde fuera,

pero el corazón solo se contenta

con la intimidad de su fluir.

***

La luz del día encuentra reposo

en las tinieblas de la noche,

pero la luz de nuestro corazón

no encuentra reposo jamás.

La belleza casi siempre está

en nuestras realidades insatisfechas,

entonando un canto de éxtasis

para mostrar la corteza rugosa y real

del ruiseñor que llevamos dentro.

***

Tus caminos pueden bifurcarse, pero tu alma, nunca.

***

Cada cabeza brillará según la intensidad de su conciencia.

***

Al nacer el día, no hagas como el ingrato que se pregunta:
¿qué haré?

Haz como el agradecido que afirma:

¡Gracias por otro día más entre los míos, oh, Señor!

***

No encierres tu vida en la obra tonta de un ritual,

pues no todo el que cumple con la invocación

está presente, y orando.

***

Solo cuando los necios te crucifiquen,

dejarás de sacar tus clavos.

***

De un mismo árbol, son ramas siamesas

la confianza y la seguridad.

Lanza el clamor que ahogue tu garganta

hacia el desordenado caos que gira en tu interior.

Tal vez, allí, las hienas sientan su grito encarcelado

y no tengan ganas de salir,

sino a beber y a copular

una forma más íntima y hermosa de silencio...

***

Creer que hemos descubierto, con nuestros ojos, magníficos
tesoros

es roto vidrio que hiere hasta la casta de donde procedemos.

***

Cada ojo es otro, y este, a su vez,

es la sucesión que la mirada ofrece

a través de un tiempo deforme o rectilíneo.

***

Hay quien se viste de mendigo, y no lo es,

porque lleva en el alma todo un reino.

***

Descubrí, hoy, que no había crecido desde que nací,

ni un tantico así:

no me habitué a cambiarle a mis ojos los pañales.

***

Algún encantamiento del Cielo hay

cuando un niño se esparrama sobre el piso

y hace su primer trazo en un papel.

La credibilidad de Dios consiste

en que no se deja ver nunca,

o bien poco.

***

Cada día arrastra consigo una nueva imagen de percepción,

liberada desde los descubrimientos y las creencias anteriores.

***

Aun, los náufragos perdidos y sin esperanza

clamarán desde el fondo de la tierra

el olor del mar.

***

Nosotros, hombres de hoy y de mañana,

hemos estado demasiado tiempo de rodillas

clamando el silencio de Dios

y, sí, nos sentimos insatisfechos

del susurro intemporal de nuestra mente,

subyugada a la credibilidad de una muerte por azar

y un mal mundo interpretado...

***

La cólera es más cambiante que el color.

***

Hay versos en mi frente, ásperos y fatales,

como las aves,

que sobrevuelan en cruz la tierra.

Si eres padre,

y tus hijos te ven flaquear ante la vida,

no será extraño que tiempo después

el desorden quebrante a toda tu familia.

***

Ojalá las enseñanzas que le brindes a tus hijos,

no sean así de fuertes como tú, y tan vocingleras.

***

Hay quienes parecen bandidos, y no lo son,

pues su mal conceptuada forma está en la apariencia.

Esta última es la piedra de escándalo

donde radica el equívoco y el traspiés de la maldad,

así como el más apresurado y lamentable de los juicios…

***

El día es una caravana de muchos rostros,

la noche, la nodriza que los empuja al alba

con un espíritu agrio y juguetón.

***

Grandioso como el cielo de la noche

es el pensamiento interior;

sin embargo, el pensamiento que se da y vive

tiene el color del sol.

Ni aun con regaños

deja uno de ser

la pesada rueda de un molino.

***

Los sueños, que son bellas islas

para quien los tiene,

espuma y arena son para los demás.

***

¡Que nunca se vean las cualidades esenciales

como un mérito!

***

Los pájaros de jaula

tienen una simple abolladura

en el tono de su canto.

Los libres toman la brisa

en su gollete y se van

piándole una tonada al sol,

lejos.

***

¡Ojalá no se nos pintaran los problemas diarios en el rostro!

***

El hombre, como el tigre,

está lleno de rayas y de manchas.

A veces un acto de silencio es la mejor manera

de hablar o de decir.

***

Una de nuestras mayores imperfecciones

está en disfrazar con utopías nuestros errores.

***

Eres una brizna de polvo

sin rumbo y sucia.

Aun cuando el soplo

del Señor te levante

sobre todas las cosas

de este mundo

y resplandecer te haga

más que el sol,

no olvides,

oh, infeliz mortal,

tu condición:

en un instante

podrías caer al suelo

y dejarías de ser

el luminoso haz

para convertirte

en pisoteado légamo.

RABI
KNUT
HAMSUN
PANDEREL
TAO
TE
KING
GOETHE
FAUST
DIOS DEL

¿Qué importa un temblor de piernas,

si detrás de ti hay

uno más valiente que vendrá?

¿Qué importa el llanto,

si hubo alguien

antes

que a la vida sonrió?

¿Qué importa lo que importa,

si alguna vez a alguien le importaste?

¿Qué importa el corazón,

ese nunca visible espejo de tu ser,

si tus obras, como un reflejo

de él, te justifican?

***

El que alcanza el Cielo

podrá preservar el polvo.

Del silencioso azur

contempla tu regreso.

Todos los hombres

medran agitadamente.

Luego, cada cual

retorna a su color.

Regresar a su color

es hallar semejanza en el espejo.

Observarte en el espejo

es conocer por duplicado tu reflejo.

Reflejarte en el espejo

es la obra que enmarca tu destino.

Quien no conoce su imagen

jamás anda en buen camino.

El que su camino conoce

es feliz

porque todas las cosas hace,

a su imagen, perdurables…

***

Quien mira desde otros ojos

la imagen de su cuerpo,

no ve en aquellos ojos su altura.

***

Ponle casa en el cielo

a las palabras que no digas.

Si buscas espejo, toma de la

hormiga semejanza.

***

La inquietud de mi alma

se esfuerza en individualizar la luz.

Rara cosa esta de cazar centelleos

y soles y cometas:

siempre hay un cerrar de ojos

cuando la luz se ve.

***

La soberbia es el espejo de la deshonra.

La humildad, el azogue

que la refleja y la despinta.

***

Quien pone oropeles y vestidos

en horas de dolor sobre su alma, es ruin.

***

Aun cuando la rosa asome

como golpe en una mejilla,

el deber de contemplarla

en la otra, nos sonroja.

MENÓN
PLATÓN

Más que una muchacha desnuda frente al mar,

la poesía arropó su visión

a lo largo de mis ojos.

***

Tuvo la apariencia de un cordero,

pero ay de aquel que intentó domesticarle.

***

Lo que más ocultamos nos expone.

***

La vida es el espejo que nos adiestra

a la hermeticidad de lo distinto.

PARTE III

TRANSFIGURACIONES

ORWELL
ZARATHUSTRA

Hallar la Sabiduría

en nosotros

es ver a Dios

frente al Universo

verificado.

***

¡Dios mío, arranca la cáscara rugosa

de esta vida enferma y sensual,

para que el hombre sienta el parabién

de los toques de tus manos sobre su alma!

***

Donde nazca una niña,

crezca, sin más idea de belleza,

una flor.

***

Solo se llegará a la luz

desandando las tinieblas.

Las canciones de cuna

que le cantamos a nuestros hijos,

a las veces no son, sino el recuerdo

de lo que otrora fuimos.

***

Ni los más altos espíritus podrán,

de un brinco, saltarse todos los escollos.

***

La lucha entre ser y no

existe en aquellos cuerpos

cuyas almas siempre van

errantes.

***

El hombre que crece en la compasión,

jamás estará, a las manos de los otros,

insatisfecho.

***

Salir de un estado de gracia,

para entrar en otro,

no es salir ni entrar a los estados del Ser:

es flotar en Todo Su Secreto.

***

El pensamiento invisible que está delante o detrás de ti,

eso es tu sombra, tu yo interior, tu próximo sendero.

¡¿Estar más solos que el Cristo de la cruz

será el precio de nuestra ambición futura?!

***

Cuando se es razonable y consecuente con los demás

la satisfacción es recíproca.

***

A veces morir es volver al Universo.

***

Cuando el Espíritu haya librado sus dominios,

ruega a la libertad de la simiente:

la bendición estará en el aire,

en todo tu alboroto.

***

¿Qué prestigio alcanzará el orador

que no conozca que la voz del Espíritu

debe ser parida, primero, por su alma

y después, puesta en libertad desde sus labios?

***

El dolor que libra al hombre en tigre,

el dolor que libra al tigre en cuervo,

el dolor que libra al cuervo en Dios,

es la esculpida voz que libra al hombre

en alma o cuerpo del dolor.

Cuando nos comprometemos con alguien por amor,

es como si estuviéramos de vuelta

en el vientre de nuestra madre.

***

La vida nos mostró caminos

largos,

estrechos,

angostos.

Pero ninguno cómo el de hallar a Dios.

***

En un corazón enajenado, dígase dolor

y vendrán las águilas, las hienas.

***

La fe es la fuerza en defensa de lo que se cree.

La fe es el poder exquisito del alma en defensa de lo que se
cree.

La fe es el poder.

La fe es la coraza ante la exigencia de un infame.

***

Llegaremos a la edad

en que las voces

se confundan con un lamento.

ÆON

Cuando trates de hacer más con menos,

estarás por pura perspicacia entre los sabios.

***

La dicha es como la gota de rocío

que al despeñarse sobre el suelo,

pronto se deshace.

***

Para que nuestra alma tenga

plena sintonía con las cosas,

hay que enchufarla en el Universo.

***

Se hacen envidiables los pueblos cuando caminan juntos.

***

En mi alegría he elogiado

tantas veces a mi hijo,

que ya no sé si lo recluyo

a la más grata de las ofrendas

de mi imaginación,

o si es un príncipe real

entrando en las veredas santas de un imperio.

Cuando tu deseo llegue a lo más alto de ti mismo,

súbete a tus ojos y mira atrás:

verás allí la llave perdida

que te dio el Nirvana en tu nacer,

querellando una cerradura

de menos vanidad

para mostrarle al Paraíso.

***

De pequeño, encerré en mi mano izquierda

un rayo de sol que se filtraba

a través de las tablas del techo.

Este, como un preso infeliz

en medio de su celda, buscó salir

empujándome, con la tenue calentura de su fuego,

los dedos hacia afuera.

Tuve que abrir el puño: ¡ya no estaba allí!

Se había convertido en un gusano de bruma,

oscilando sin ritmo

por entre las luminosas cuencas de mis uñas...

***

La muerte vino, y lo empujó fuertemente

por los hombros hacia atrás.

Él trató de asirse a los brazos de quien lo empujaba,

y cayó sobre la adoquinada calle,

de espaldas, indefenso.

En la caída, solo sus oídos escucharon

el leve zumbido de una mosca

que danzaba por la hendija del contén ensangrentado

y en el aire frío de su cabeza,

partida como el cuenco de una almendra, en dos…

***

Entrar al Universo,

como entran los animales y los difuntos,

los ángeles y las plantas,

con una visión de despliegue y de enemistad,

es, en mi deleite, una pura contradicción

que no aplicaría sobre mis párpados jamás.

***

Por contradicción, es tanta nuestra prisa,

que cuando pretendemos una cosa,

ya estamos fijando los ojos en las otras.

***

Con una reverencia de virtud

démosle al día nuestra esperanza.

Es un ángel

aquel que nos arranca una sonrisa

en horas de dolor.

***

El anhelo que no regrese a la sencillez

del repartimiento inicial y primitivo

estará bien lejos de volver a ser anhelo.

***

El que construye una casa en lo baldío

merece más esfuerzo por el agua

que un Tántalo sediento.

***

Si la gracia del Señor te ve,

las montañas a subir

serán pequeños valles.

***

Solo el caudillo que avance entre la muchedumbre

y con los problemas de estos se familiarice,

podrá alcanzar el escabel glorioso de la altura.

***

A la larga pierdes el tiempo

si te empeñas en lo fácil.

¿Por qué, al mal hablar de los demás,
no pones en tu propia lengua
el amargor de todas tus desdichas?

***

Hijo mío:
sé bueno con tu madre,
ten libre de ataduras a tu espíritu,
ama a una mujer hermosa
que te recuerde al mundo...

Después, escribe en tu corazón
con letras invisibles y grandes:
solo le di la espalda
al que como una serpiente
me susurró al oído calumnias.

Entonces, sabrás que no fue en vano
ser un hombre viril y honrado,
un amante y un amigo fiel,
o simplemente el reflejo de lo que pudo ser
en medio de la vida, un ángel...

***

Da una amable excusa a Dios
por lo que a diario
tu corazón le exige.

Ojalá en el mordisco de una flor

mi mano no interceda.

***

El infante que no actúa con valentía y perseverancia

ante los otros,

termina siendo la caricatura de un soplón.

***

Desdobla tus ideas del azar,

tus deseos de la mala voluntad:

ese leve chispazo de tu corazón

te dejará prendado

del fuego eterno de Su Hoguera.

***

No apartes los pies de tu camino.

La constancia ha convertido a muchos hombres

en grandes y nobles cedros.

***

Los apóstoles no fueron seres amorfos

caídos de otro mundo.

Fueron de carne como la tuya o como la mía.

Pero..., ¡vencieron!

Tuve el don

ayer

de una semilla

en espera de la vida.

Sé, hoy,

que tengo

y siempre tendré

el don inmenso de la espera.

Toda la vida se mueve

en rítmicos susurros

en mi alma,

desde ayer.

Dejé mi angustiosa funda

para un árbol ser...

Mañana,

pronto llegará.

Un árbol soy

por la vida fecundado.

Creo, mis ramas

meceré.

Tengo el don humano

de la velocidad y el aire.

Ha caído un fruto de mi alma,

otro más...

No estaré jamás

de nuevo solo.

Me han nacido alrededor

muchos brotes.

Dios me ha dotado

de un magnífico don...

En savia

me transformó...

***

No hay que desdeñar el simulacro

y la mentira.

Son armas de intención.

Hay que desdeñar el flujo que nos la torna,

ante los demás, en una tiranía.

Es noche. Y un ángel quiso recostarse en mí.

¡Qué pena! Yo aún no tenía sueño.

***

Cuando mi alma se queda muda

ante el dolor del mundo,

no me resigno a su vaciedad,

y lloro.

Pero cuando la veo feliz y vocinglera,

y casi hasta los bordes de mi ser,

le agradezco al mundo el traspiés anterior,

y río:

toda contradicción es ya un anhelo.

***

Los que quieren vivir

escuchan y respetan las leyes.

Los que aman la vida las rompen:

no tienen tiempo de regirse por ellas.

***

No olvides tus maldades de niño

hechas, quizá, sin presencia del demonio.

Recuérdalas cada día con la sencillez

y la inocencia de un ángel, como entonces.

Hay quienes pasan por la vida

como por una calle oscura,

y ni siquiera llegan a notar

el esplendor y la belleza

que hay más allá de sus propios ojos…

***

La penitencia es un claro ejercicio,

no solo de varón.

***

Tal vez, porque era demasiado grande la misericordia

que transpiraba sobre el mundo,

tres largos días me sumergí

en la piel de otro hombre y por mis hijos no lloré.

Tal vez, porque no eran sus manos en cruz,

sino las mías las que un madero necesitaban,

a orillas del mar de piedra,

a escuchar como un niño, me senté.

***

Hijo, no me reiré cuando te vea componer,

justo frente a la casa de María y de José,

las colinas y los valles con papel maché,

y disponer las figuritas de madera

junto al moteado árbol de plástico de Navidad:

me habrás hecho recordar

lo que era por ese entonces,

un eterno e inocente niño.

***

Cuando la soledad nos alcanza

con su silencio áureo y femenil,

y empezamos a soñar;

una fe venidera, como un halo de luz,

del callado y exaltado corazón nos brota.

***

Aunque la oscuridad me pueble

será de luz la silla de mi trono.

***

Cuando empezamos a olvidar quiénes somos,

el recuerdo de alguien nos rehace.

***

Sé justo, y tu memoria entre cielo y mar

será bendita.

***

Teme a lo que vendrá y tendrás

lo que no tienes.

***

Si tanto pedimos o deseamos,

es porque nada tuvimos nunca.

Está el mundo tan desprovisto de Amor

que solo lo vemos

cuando no hay más remedio que las lágrimas.

***

¿Será acaso la forma del hoy

mueca del mañana?

***

Cierre puertas aquel que se descubra

traspasando las del error.

***

No quieras para mañana

lo que eres hoy.

***

Por ayudar a la humanidad,

Prometeo primero robó,

después, le concedió en el tallo

de una cañaheja el fuego.

Sísifo personificó la vana lucha

por alcanzar la sabiduría

y aún carga esta pesada piedra

sobre sus hombros.

Cristo, crucificado fue por redimir

todas nuestras miserias y pecados,

y, a las veces, se nos aparece

en el alma y en el corazón,

susurrándonos una plegaria

humana y común,

tres veces bella.

Y tú, hombre de hoy y de mañana,

¿qué harás?,

¿qué has hecho?

Camagüey, verano de 2014